CATALOGUE
DES MÉDAILLES
ANTIQUES ET MODERNES

en Or , Argent et Bronze du
Cabinet de M. HAUMONT.

Dont la vente se fera , en sa maison ,
rue Saint - Jean de Beauvais.

N. B. *Le jour de la vente et la feuille indicative.*
des vacations seront annoncés par des affiches.

SE DISTRIBUE
A PARIS,

Chez { M. G. Servois, Libraire , passage
Saint - Honoré.

Mionnet , Huissier - Priseur , rue
de la Mortellerie , N°. 140 près la
rue de Long-Pont.

1796.

AVERTISSEMENT.

LA COLLECTION de M. HAUMONT avantageusement connue dans toute l'Europe, depuis bien des années, mériteroit, sans doute, une description plus ample et plus détaillée que celle que nous donnons ici : mais nous avons été obligés de nous circonscrire dans le cercle étroit de l'analyse.

Nous nous contenterons donc de donner une idée générale de cette collection qu'on sera plus à-même d'apprécier, lors de son exposition qui aura lieu chaque matin des jours de vente.

La suite impériale d'argent, une des plus belles qui soient connues, tant par le nombre et la rareté des Têtes et des Revers que par la conservation qui la caractérisent, est celle à laquelle le possesseur s'attachoit le plus. Elle est le fruit de 40 ans de soins et de recherches, pendant lesquels M. HAUMONT n'a rien épargné pour l'embellir, y ayant même refondu plusieurs cabinets entiers dont il avoit fait l'acquisition. Cette suite consiste dans plus de 4400 Médailles.

Les suites des Médailles consulaires, des Médaillons et Quinaires d'argent de la suite impériale sont des plus completes ; elles proviennent de la vente de M. DENNERY, et ont été considérablement embellies depuis.

Les Médailles de grand et moyen bronze sont de même très-nombreuses et méritent l'attention des amateurs.

Une autre suite moins apparente, mais qui n'en est pas moins curieuse, le petit bronze, est, nous osons le dire, la plus complete qu'il y ait. Elle a été formée de celle de M. DENNERY et de plusieurs autres non moins belles : elle peut monter à 6000 médailles, nombre qui surpasse infiniment toutes celles dont nous avons la description.

Les suites de rois et de villes sont aussi très-belles. On y distingue beaucoup de médailles qui n'ont point été publiées ; elles proviennent, en grande partie, des Jésuites, du prince de Conti, de M. Pellerin etc.

La collection des monnaies et celle des barons de France proviennent de M. de Boulogne. C'est à l'aide de cette dernière que TOBIESEN - DUBY a composé son ouvrage sur les Barons de France Elles forment une des parties les plus importantes de ce cabinet, et quoique dépourvues de tout mérite du côté de l'art, elles doivent, par les lumières qu'elles répandent sur notre histoire, intéresser davantage des français.

CATALOGUE

Des Médailles antiques et modernes en or, argent et bronze du cabinet de M. Haumont.

N° I.

Rois de Macédoine.

Amyntas. 2 médaillons d'argent, 3 médailles de bronze.

Philippe II 8 médaillons, 6 médailles d'argent, 14 de bronze.

Alexandre-le-Grand. 39 médaillons dont 2 avec des lettres phéniciennes et 4 avec noms de magistrats. 43 médailles d'argent, 25 de bronze.

Cassandre. 19 médailles de bronze.

Démétrius-Poliorcète. 1 médaillon d'argent.

Lysimaque. 13 médaillons, 4 médailles d'argent, 2 de bronze.

Antigonus. 1 médaillon d'argent, 23 médailles de bronze.

Démétrius. 1 médaille de bronze.

Philippe III. 1 médaillon d'argent, 17 médailles de bronze.

Persée. 6 médailles de bronze.

TOTAL, 65 médaillons, 53 médailles d'argent et 110 de bronze.

A 3

N.° II.

Rois d'Épire.

Alexandre. 1 médaille de bronze.

Pyrrhus. 1 médaille d'argent (*fausse*) 1 de bronze.

Rois de Sicile.

Gelon. 1 médaille de bronze.

Theron. 1 idem.

Hieron I. 15 idem.

Philistis. 2 médaillons d'argent.

Agathocle. 1 médaillon d'argent, 2 médailles de bronze.

Phintias. 2 médailles de bronze.

Hieron II. 4 idem.

Hieronyme. 1 idem.

TOTAL. 3 médaillons d'argent, 26 médailles de bronze.

N.° III.

Rois d'Egypte.

Ptolémée I. 15 médailles de bronze.

———— **II.** 11 médaillons d'argent, 3 médailles de bronze.

———— **III.** 7 médailles de bronze.

———— **VI.** 2 *idem*.

53 médailles de bronze de divers Ptolémée.

TOTAL. 11 médaillons d'argent, 80 médailles de bronze.

Nº IV.

Rois de Syrie.

SELEUCUS I. 2 médaillons , 2 médailles d'argent 18 de bronze.

ANTIOCHUS I. 3 médaillons d'argent, 9 médailles de bronze.

ANTIOCHUS II. 3 médaillons d'argent, 11 médailles de bronze.

SELEUCUS II. 7 médailles de bronze.

SELEUCUS III. 3 médaillons d'argent.

ANTIOCHUS-HIERAX. 1 médaillon d'argent.

ANTIOCHUS III. 5 médaillons d'argent, 1 médaille d'argent, 8 de bronze.

SELEUCUS IV. 5 médaillons d'argent, 7 médailles de bronze.

ANTIOCHUS IV. 5 médaillons d'argent, 22 médailles de bronze.

ANTIOCHUS V. 2 médaillons d'argent.

DEMETRIUS I. 1 médaillon d'argent, 12 médailles de bronze.

ALEXANDRE I, BALA. 1 médaillon , 2 médailles d'argent, 21 de bronze.

DEMETRIUS II. 2 médaillons d'argent, 12 médailles de bronze.

ANTIOCHUS VI. 1 médaille d'argent, 10 de bronze.

TRYPHON. 7 médailles de bronze.

ANTIOCHUS VII. 2 médaillons , 2 médailles d'argent, 19 médailles de bronze.

ALEXANDRE II. ZEBINNA. 1 médaillon d'argent , 14 médailles de bronze.

ANTIOCHUS VIII. 3 médaillons d'argent, 8 médailles de bronze.

'Antiochus VIII et Cléopatre. 1 médaillon d'argent, 9 médailles de bronze.

Antiochus IX. 1 médaillon, 1 médaille d'argent, 14 de bronze.

Seleucus VI. 1 médaillon d'argent, 1 medaille de bronze.

'Antiochus X. 2 médailles de bronze.

Philippe. 4 médaillons d'argent.

Demetrius III. 2 médailles de bronze.

Tigranes. 2 médaillons d'argent, 1 médaille de bronze.

Antiochus XIII. 4 médailles de bronze.

TOTAL 43 médaillons, 9 médailles d'argent, 219 de bronze.

N° V.

Rois de Péonie.

'Audoléon 1 médaillon d'argent.

Rois de Pergame.

Philetære. 5 médaillons d'argent, 3 médailles de bronze.

Rois d'Asie.

'Antigone 2 médaillons d'argent.

TOTAL 8 médaillons d'argent, 3 médailles de bronze.

N° VI.

Rois de Bithynie.

Prusias II. 1 médaillon d'argent (*faux*), 6 médailles de bronze.

Nicomède II. 1 médaillon d'argent (*faux*).

Rois de Cappadoce.

7 Médailles d'argent, 1 de bronze de différens Princes.

Rois de Thrace.

Têtes accolées de Rhemetalce et Cotys, *revers*, tête D'Auguste, 2 médailles de bronze.

Anciens Rois de Perse.

2 médaillons d'argent, 1 médaille de bronze.

TOTAL 4 médaillons, 7 médailles d'argent, 10 de bronze.

N° VII.

Divers Rois, savoir :

6 Médailles de bronze de rois de *Commagene*, 29 médailles de bronze de rois d'*Édesse*, 1 médaille d'argent, 2 de bronze de rois d'*Arabie*, 8 médailles de bronze de rois de *Palmyre*, 6 de bronze de rois de *Judée*, 5 médailles de bronze de rois de *Galatie*, 1 d'argent de rois de *Numidie*, 1 de bronze de rois du *Bosphore*.

TOTAL 2 médailles d'argent, 57 de bronze.

N° VII (*bis*)

Rois Parthes.

3 Médaillons, 60 médailles d'argent, 5 de bronze.

N° VIII.

Médailles de Peuples et Villes.

ITALIE.

ARIMINI. 1 médaille de bronze.

ARPI. 2 médailles de bronze.

BRETTIUM. 5 médailles d'argent, 38 de bronze.

BRUNDUSIUM. 5 médailles de bronze.

HERACLÉA. 3 médaillons, 3 médailles d'argent, 3 de bronze.

THURIUM 6 médaillons, 5 médailles d'argent.

CÆLIUM. 2 médailles de bronze.

CALENO. 2 médaillons d'argent, 5 médailles de bronze.

CAULONIA. 2 médaillons, 1 médaille d'argent.

CAPUA. 4 médailles de bronze.

CROTONA. 8 médaillons, 5 médailles d'argent.

CUMÆ. 1 médaillon d'argent.

LOCRIS. 3 médaillons d'argent, 4 médailles de bronze.

LUCERIA. 2 médailles de bronze.

MAMERTINI. 11 médailles de bronze.

METAPONTUM. 7 médaillons, 4 médailles d'argent, 1 de bronze.

NEAPOLIS. 7 médaillons d'argent, 23 médailles de bronze.

NUCERIA. 1 médaille de bronze.

PETELIA. 3 médailles de bronze.

POSIDONIUM. 2 médaillons, 2 médailles d'argent, 5 de bronze.

RAVENNA. 1 médaille de bronze.

RHEGIUM 1 médaillon, 2 médailles d'argent, 19 de bronze.

Sybaris. 2 médailles d'argent incuses.

Suesano. 4 médailles de bronze.

Tarentum. 21 médaillons, 3 médailles d'argent, 2 de bronze.

Teanum. 2 de bronze.

Terina, 1 médaillon, 2 médailles d'argent.

Tiati. 3 médailles de bronze.

Valentia. 5 médailles de bronze.

Velia. 13 médaillons, 3 médailles d'argent, 2 de bronze.

Urina. 3 médaillons d'argent.

Falisci. 3 médailles d'argent.

TOTAL 80 médaillons, 40 médailles d'argent, 148 de bronze.

N° IX.
SICILE.

Abacænum. 1 médaille de bronze.

Agyrina. 3 médailles de bronze.

Agrigentum. 3 médaillons, 1 médaille d'argent, 8 de bronze.

Alæsa. 1 médaille d'argent.

Alontium. 1 médaille de bronze.

Assorus. 1 médaille de bronze.

Gelas. 3 médaillons d'argent, 2 de bronze.

Egeste. 3 médaillons d'argent, 1 de bronze.

Emporium. 2 médaillons d'argent.

Thermæ. 2 médailles de bronze.

Himera. 1 médaillon, 2 médailles d'argent.

Camarina. 1 médaille de bronze.

Catanea. 8 médailles de bronze.

CENTURIPÆ. 8 médailles de bronze.

CEPHALÆDIUM. 2 médailles d'argent, 1 de bronze.

LEONTIUM. 2 médailles d'argent.

LILYBÆUM. 2 médailles de bronze.

LONGONE. 2 médailles de bronze.

MESSANA. 3 médaillons d'argent, 1 de bronze.

ORRA. 1 médaille de bronze.

PANORMUS. 11 médailles de bronze.

SYRACUSÆ. 17 médaillons, 7 médailles d'argent, 62 de bronze.

TAUROMENIUM. 5 médailles de bronze.

HYBLA. 1 médaille de bronze.

LIPARA. 1 médaille de bronze.

MENÆ. 2 médailles de bronze.

TOTAL. 30 médaillons, 17 médailles d'argent, 125 de bronze.

X.

GRÈCE.

AMANTES. 1 médaille de bronze.

APOLLONIA. 4 médailles d'argent, 2 de bronze.

DYRRACHIUM. 1 médaillon, 13 médailles d'argent, 2 de bronze.

EPIRUS. 1 médaillon, 1 médaille d'argent, 6 de bronze.

AMBRACIA. 6 médailles de bronze.

DAMASTIUM. 1 médaillon d'argent.

ARGOS AMPHILOCHIUM. 2 médailles de bronze.

LEUCAS. 2 médaillons d'argent.

ÆNIADÆ. 4 médailles de bronze.

ÆTOLIA 2 médailles de bronze.

Naupactus. 1 médaillon d'argent.

Axia. 1 médaille de bronze.

Locris. 3 médaillons de bronze.

Opontium. 4 médailles d'argent.

Procis. 3 médailles d'argent, 1 de bronze.

Peloponnesus. 2 médaillons d'argent.

Achæi. 12 médailles d'argent.

Ægium. 2 médaillons, 1 médaille d'argent.

Corinthus. 7 médaillons, 1 médaille d'argent, 3 de bronze.

Patræ. 2 medailles d'argent, 2 de bronze.

Messene. 5 médailles de bronze.

Pylos. 1 médaille de bronze.

Lacedæmon. 1 médaille d'argent, 4 de bronze.

Longus-Taletes. 3 médailles de bronze.

Malea. 2 médailles d'argent.

Argos. 5 médailles d'argent.

Arcadia. 1 médaille d'argent, 1 de bronze.

Pheneon. 1 médaille d'argent.

TOTAL. 17 médaillons, 51 médailles d'argent, 49 de bronze.

N.° XI.

Suite de la Grèce.

Athenæ. 5 médaillons, 16 médailles d'argent, 11 de bronze.

Azetini. 1 médaille de bronze.

Eleusis. 1 médaille de bronze.

Megara. 4 médailles de bronze.

Bæotia 5 médailles d'argent, 2 de bronze.

Erythræ. 2 médailles de bronze.

THFSPIÆ. 1 médaille de bronze.

THESSALI. 2 médaillons, 2 médailles d'argent, 4 de bronze.

DEMETRIAS. 1 médaille de bronze.

LAMIA. 2 médailles d'argent.

LARISSA. 1 médaillon d'argent, 1 de bronze.

MAGNESIA. 1 médaille d'argent.

TRICCA. 2 médailles d'argent.

PHARSALIA. 3 médailles d'argent, 1 de bronze.

MACEDONIA. 3 médaillons d'argent, 25 médailles de bronze.

AMPHAXIS. 1 médaille de bronze.

AMPHIPOLIS. 6 médailles de bronze.

HERACLEA. 1 médaille de bronze.

THESSALONICA. 1 médaille de bronze.

CASSANDREA. 1 médaille de bronze.

NEAPOLIS. 2 médailles d'argent.

PELLA. 1 médaille d'argent, 7 de bronze.

PHILIPPI. 1 médaille de bronze.

ABDERA. 1 médaille d'argent.

BYZANTIUM. 3 médailles de bronze.

LYSIMACHIA. 1 médaille de bronze.

MARONEA. 2 médaillons, 1 médaille d'argent, 4 de bronze.

MESAMBRIA. 1 médaille de bronze.

PERINTHUS. 2 médailles de bronze.

ISTRIA. 3 médailles d'argent.

TOMI. 1 médaille de bronze.

PANTICAPÆUM. 1 médaille de bronze.

TOTAL, 13 médaillons, 39 médailles d'argent, 85 de bronze.

N° XII.

A S I E.

CABIRA. 1 médaille de bronze.

PHARNACIA. 1 médaille de bronze.

AMISUS. 5 médailles de bronze.

COMANA. 1 médaille de bronze.

PIMOLIS. 1 médaille de bronze.

AMASTREA. 2 médailles de bronze.

OLBIA 1 médaillon d'argent.

SINOPE 6 médailles de bronze.

ADRIANOTHERÆ. 1 médaille de bronze.

HERACLEA. 1 medaille d'argent.

CHALCEDON. 1 médaille de bronze.

NICÆA. 1 médaille de bronze.

NICOMÉDIA. 1 médaille de bronze.

APAMEA. 3 médailles de bronze.

BLAUNDUS. 1 médaille de bronze.

COTIÆUM. 1 médaille de bronze.

ADRAMYTIUM. 2 médailles de bronze.

ASSUS. 1 médaille de bronze.

CYZICUS. 5 médailles de bronze.

LAMPSACUS. 2 médailles d'argent.

PARIUM. 1 médaille d'argent, 1 de bronze.

PERGAMUS. 1 médaillon d'argent Cistophore, 5 médailles de bronze.

ALEXANDRIA. 11 médailles de bronze.

DARDANUS. 1 médaille de bronze.

ILIUM. 1 médaille de bronze.

CUMÆ. 3 médailles de bronze.

MYRINA. 1 médaillon d'argert, 1 de bronze.

ERYTHRÆ. 1 médaille d'argent.

EPHESUS. 1 médaillon, 1 médaille d'argent, 5 de bronze.

PHILADELPHIA. 2 médailles de bronze.

APHRODISIAS. 3 médailles de bronze.

CNIDUS. 3 médailles d'argent.

ÆGEA. 3 médailles de bronze.

CELENDERIS. 1 médaille d'argent, 1 de bronze.

MOPSUS. 1 medaille de bronze.

SOLI. 1 médaille de bronze.

TARSUS. 2 médailles de bronze.

HIERAPOLIS. 1 médaille de bronze.

CLAZOMENÆ. 3 médailles de bronze.

COLOPHON. 1 médaille d'argent, 1 de bronze.

MILETUS. 5 médailles d'argent, 1 de bronze.

SMYRNA. 40 médailles de bronze.

APOLLONIDEA. 1 médaille de bronze.

JULIAGORDUS. 1 médaille de bronze.

DIOSHIERITÆ. 1 médaille de bronze.

ERMOCAPELUS. 1 médaille de bronze.

MAGNESIA. 1 médaille de bronze.

MÆONIA. 1 médaille de bronze.

NACRASUS. 1 médaille de bronze.

TABALA. 1 médaille de bronze.

EUCARPIA. 1 médaille de bronze.

SARDES. 3 médailles de bronze.

SELEUCIA. 3 médailles de bronze.

MASSICYTES. 1 médaille d'argent.

SELGE. 1 médaillon d'argent.

ASPENDUS

Aspendus. 1 médaillon d'argent.

Side. 2 médailles de bronze.

Témnus. 2 médailles de bronze.

Tralles. 1 médaille de bronze.

Ptolemais. 1 médaille de bronze.

Orthosia. 2 médailles de bronze.

Rhodes. 5 médaillons, 5 médailles d'argent, 20 de bronze.

Antiocha. 60 médailles de bronze.

Apaméa. 11 médailles de bronze.

Epiphanea. 1 médaille de bronze.

Hierapolis. 1 médaille de bronze.

Laodicea. 14 médailles de bronze.

Seleucia. 1 médaillon d'argent, 10 médailles de bronze.

Tyrus. 4 médaillons d'argent, 21 médailles de bronze.

Ascalon. 1 médaillon de bronze.

Aradus. 1 médaillon, 1 médaille d'argent, 10 de bronze.

Samosata. 4 médailles de bronze.

Berytus. 7 médailles de bronze.

Sidon. 1 médaillon d'argent, 32 médailles de bronze.

Tripolis. 1 médaille de bronze.

AFRIQUE.

Cyrene. 5 médailles d'argent, 3 de bronze.

Barce. 1 médaille d'argent.

Ptolemais. 1 médaille de bronze.

LFPTIS. 2 médailles de bronze.

TOTAL. 19 médaillons, 28 médailles d'argent, 345 de bronze.

N° XIII.

I S L E S.

ANDROS. 1 médaille de bronze.

EUBÆA. 1 médaillon d'argent.

ISTIÆA. 4 médailles d'argent, 1 de bronze.

CHALCIS. 5 médailles d'argent.

ZACYNTHUS. 1 médaille d'argent.

APOLLONOS. 1 médaille de bronze.

IOS. 1 médaille de bronze.

CÆNE. 2 médailles de bronze.

IMBROS. 1 médaille de bronze.

CEOS. 2 médailles de bronze.

CORCYRA. 9 médailles de bronze.

LESBOS. 1 médaillon d'argent.

ERESUS. 1 médaille d'argent.

MITILENE. 1 médaille d'argent, 5 de bronze.

GORTYNA. 2 médaillons d'argent, 5 de bronze.

ELEUTHERNA. 2 médailles de bronze.

HIERAPYTNA 1 médaillon d'argent.

ITANUS. 2 médailles d'argent.

CNOSSUS. 3 médaillons d'argent, 12 médailles de bronze.

CYDON. 3 médaillons d'argent, 2 médailles de bronze.

LYTTUS. 2 médaillons d'argent.

PHÆSTUS. 1 médaille de bronze.

Polyrrhenium. 1 médaille d'argent.
Cranium. 2 médailles d'argent.
Melita. 6 médailles de bronze.
Cos. 7 médailles de bronze.
Siphnus. 4 médailles d'argent, 2 de bronze.
Tenos. 3 médailles de bronze.
Chio. 13 médailles de bronze.
Gaulos. 2 médailles de bronze.
Thasus. 3 médaillons, 3 médailles d'argent.
Melos. 1 médaille de bronze.
Myconus. 1 médaille d'argent.
Naxus. 1 médaille d'argent, 3 de bronze.
Aptera. 2 médailles de bronze.
TOTAL. 16 médaillons, 25 médailles d'argent, 85 de bronze.

N⁰ XIV.

Médailles Espagnoles.

45 médailles de bronze de différentes villes, 21 d'argent, 54 de bronze Celtiberiennes.

Médailles Gauloises.

46 médailles d'argent, 25 de bronze.

N⁰. XV.

Médailles Carthaginoises.

11 médailles d'argent, 60 de bronze sans légendes

2 médaillons, 1 médaille d'argent , 23 de bronze avec des légendes Puniques.

Médailles Phéniciennes.

2 médailles d'argent , 65 de bronze.

Médailles Samaritaines.

13 médailles de bronze.

No XVI.

Médaillons d'argent de la suite impériale.

2	Marc-Antoine	21	Galius
7	Auguste	1	Valerien , pere
2	Agrippine	1	Gallien , moyen bronze
1	Caligula		saussé
5	Claude	1	Posthume , idem
8	Neron	1	Maximien, idem
10	Vespasien	1	Constantius , idem
1	Domitille, (fourré (1)	1	Maximien , idem.
3	Titus	1	Maximin
5	Domitien	1	Maxence
2	Nerva	3	Constant
17	Trajan	16	Constans
8	Adrien	1	Maguence
1	Severus	1	Decentius
8	Caracalla	2	Julien
2	Geta	1	Jovien
8	Macrin	12	Valentinien
5	Gordien	9	Valens
12	Philippe , pere	6	Gratien
9	Philippe , fils	2	Valentinien II
24	Trajan-Dece	1	Magnus-maximus
1	Etruscille	1	Honorus
12	Herennius	2	Romanus
2	Hostilien		

Total 241 médaillons.

(Médaille unique, citée dans Beauvais , tome 1 page 169).

N° XVII.

Quinaires d'argent de la suite impériale.

2 Lepide
6 Mar -Antoine
11 Auguste
2 Neron
2 Galba
10 Vespasien
8 Tite
17 Domitien
1 Nerva
14 Trajan
9 Hadrien
1 Antonin
1 Verus
6 Commode
3 Severe

1 Julia-Domna
3 Caracalle
1 Geta
2 Elagabale
5 Alexandre
1 Barbia-Orbiana
1 Mamæa
1 Maximin
3 Gordien
1 Messius-Decius
1 Treboniunus-Gallus
7 Gallien
1 Salonine
1 Valerien Jeune

Total 121 Quinaires de la suite impériale.

N° XVIII.

Médailles impériales d'argent

HAUT EMPIRE.

11 Pompée
2 Juba
40 Jules-Cesar
3 Lepide
63 Antoine
2 Cléopatre
1 Lucius-Antonius
172 Auguste
2 Agrippa
7 Tiber
3 Drusus
2 Antonia

2 Germanicus
1 Agrippine
5 Caligula
22 Claude
5 Agrippine, jeune
1 Domitius-Ahenobarbus
3 Neron
44 Galba
11 Othon
1 Lucius-Vitellius
31 Vitellius
120 Vespasien

2 Domitile
75 Titus
2 Julie
142 Domitien
5 Domitia
35 Nerva
169 Trajan
1 Plotine
2 Marciane
1 Matidie
272 Hadrien
24 Sabine
12 Ælius

183 Antonin
51 Faustine
153 Marc-Aurele
52 Faustine
32 Verus
18 Lucile
135 Commode
12 Crispine
5 Pertinax
1 Did.-Julien
1 Did.-Clara
3 Pescennius-Niger
18 Alba

Total 2102 médailles du haut empire qui seront divisése en plusieurs lots.

N° XIX.

Moyen Empire.

163 Severus
62 Julia-Domna
159 Caracalle
14 Plautille
49 Geta
35 Macrin
6 Diadumenien
99 Elagabale
7 Julia-Paula
4 Aquilia-Severa
7 Sœmias
12 Mæsa
95 Alexandre-Severe
3 Barb.-Orbiana
14 Mamée
16 Maximin
3 Pauline
4 Maxime
4 Gordien-d'Afrique, pere

2 Gordien d'Afrique, fils
9 Balbin
9 Papien
97 Gordien
1 Tranquilline
74 Philippe, pere
13 Otacile
2 Philippe, fils
1 Pacatien
3 Trajan-Dece
12 Etruscille
17 Messius-Decius
18 Hostilien
43 Treb.-Gallus
34 Volusien
26 Æmilien
82 Valerien
10 Mariniane
159 Gallien

36 Restitutions de Gallien
32 Salonine
29 Saloninus
13 Valerien, jeune
1 Cornelia-Supera
7 Macrien
8 Quietus
71 Posthume
6 Posthume, fils
1 Lælien
5 Victorinus
1 Marius
9 Claude II.

2 Quintillus
2 Tetricus
21 Aurelien
5 Severine
31 Tacite
25 Florien
116 Probus
24 Carus
4 Magnia-urbica
21 Numerien
29 Caron
2 Nigrinien
1 Julien, Tyran

Total 1,32 médailles qui seront également divisées en différents lots.

N° XX

Bas Empire.

57 Diocletien, dont 9 d'ar-
    gent pur
45 Maximien
1 Helene
2 Theodora
7 Maximien
1 Carausius
3 Maximin
1 Maxence
4 Licinius, pere
1 Licinius, fils
6 Constantin
1 Fausta
1 Crispus
3 Constantin, jeune
5 Constans
17 Constantius
1 Magnentius

3 Constantius Gallus
17 Julien
1 Helene
3 Jovien
7 Valentinien
16 Valens
1 Procopius
9 Gratien
6 Valentinien, jeune
5 Theodosius
6 Magnus Maximus
5 Flavius Victor
5 Eugenius
5 Arcadius
11 Honorius
2 G. Pla. Placidia
6 Constantin, tyran
7 Jovin

1 Sebastien	1 Nepos
2 Priscus Attalus	2 Basiliscus
4 Placide Valentinien	14 Anastase
2 Attila	7 Justin
1 Pétronius Maximus	29 Justinien
2 Majorien	1 Justin II
3 Libius Severus	1 Mauricius Tiberius
2 Anthemius	3 Heraclius
1 Glicerius	1 Constantin – Pogonate
4 Zenon	2 *incertaines*.

TOTAL. 353 médailles dont il sera fait plusieurs lots.

N° XXI.

Médailles Consulaires.

Cette suite, une des plus belles et de plus complettes qui existent, provient de M. DENNERY, à la vente duquel elle a été achetée : ainsi nous nous référons au catalogue de cette vente; en ajoutant seulement qu'elle a été augmentée.

Elle consiste en 2239 médailles d'argent et beaucoup de bronze, qui seront divisées en lots de 100, à moins qu'on ne veuille enchérir pour la totalité.

N° XXII.

Grand Bronze Impérial.

1 Pompée	7 Caligula
1 Jules-César	8 Claude
15 Auguste	32 Neron
1 Julie	21 Galba
7 Tibere	1 Vitellius
2 Drusus	21 Vespasien
4 Drusus, jeune	1 Domitille
8 Agrippine	20 Titus

1 Julie	20 Maximin
27 Domitien	2 Pauline
11 Nerva	6 Maxime
58 Trajan	3 Gordien d'Afrique, pere
1 Plotine	2 Gordien d'Afrique, fils
1 Matidie	8 Balbin
99 Hadrien	7 Pupien
11 Sabine	58 Gordien
6 Ælius	37 Philippe, pere
126 Antonin	8 Otacile
40 Faustine	18 Philippe, fils
115 Marc-Aurele	19 Trajan-Dece
52 Faustine jeune	4 Etruscille
31 Verus	3 Messius-Decius
20 Lucile	6 Hostilien
100 Commode	30 Treb.-Galle
10 Crispine	4 Æmilien
2 Pertinax	8 Valerien
5 Dide-Julien	2 Mariniana
6 Albin	12 Gallien
41 Severe	3 Salonine
14 Julia-Domna	1 Salonin
30 Caracalle	36 Posthume
7 Geta	1 Aurelien
7 Macrin	1 Severine
3 Diadumenien	1 Constans
14 Elagabale	2 Constantin
1 Julia-Paula	2 Constantius-Gallus
2 Aquilia-Severa	16 Julien
3 Sæmias	1 Jovien
6 Mæsa	1 Valentinien
73 Alexandre	1 Valens
2 Barbia-Orbiana	1 Gratien
12 Mamæa	1 Zénon

Total 1400 médailles de grand bronze.

N° XXIII.

Moyen Bronze impérial.

Cette suite monte à 2414 médailles que le tems ne nous a pas permis de détailler.

N° XXIV.

Petit bronze impérial.

Le petit bronze impérial peut monter à 6000 médailles environ , dont le défaut de tems nous empêche de donner le détail.

N° XXV.

Potin et Bronze d'Egypte.

1 Marc-Antoine , il n'est pas certain que cette médaille soit d'Egypte.
1 Marc-Antoine et Cléopatre
17 Auguste
5 Tibere
1 *Antonia* , revers de Claude , potin.
25 Claude
4 Messaline , au revers de Claude , potin
2 Agrippine jeune
32 Neron dont 29 de potin
1 *Octavie* , potin
2 Poppée , potin
9 Galba dont 4 de potin
3 *Othon* dont 2 de potin et 1 de moyen bronze

3 *Vitellius* dont 1 de potin, revers, type de l'espérance, l'an 1er, et 2 de bronze

23 Vespasien, dont 1 de grand bronze

10 Tite

25 Domitien dont 3 de grand bronze

2 *Nerva*, potin, l'an 1er, 1 aigle ; l'autre, même
date, type de l'équité (douteuses).

38 Trajan dont 8 de potin et 23 de grand bronze

120 Hadrien dont 23 de potin, 38 de grand bronze

2 Sabine, *revers* d'Hadrien, potin

4 Antinoüs dont 2 de grand bronze

2 Ælius dont 1 de grand bronze

92 Antonin dont 11 de potin et 60 de grand bronze

14 Marc-Aurele dont 1 de potin et 7 de grand bronze

5 Faustine jeune dont 2 de grand bronze

7 Verus dout 6 de grand bronze

1 *Lucille* de grand bronze

23 Commode dont 6 de potin

1 Caracalle

4 Elagabale

1 *Julia-Paula*, revers d'Elagabale

1 *Aquilia-Severa* (douteuse)

2 *Annia-Faustina*, revers, l'an 5, tête de Rome
casquée, autre même date, Rome de bout (cette
derniere nous paroit douteuse)

1 *Julia-Scemias* (douteuse).

1 *Julia-Mœsa*, revers, l'an 2, type de l'espérance
(douteuse)

23 Alexandre-Sévere

3 *Barbia-Orbiana*

12 Maximin

2 *Maxime*

4 *Gordien d'Afrique*, pere, revers, l'an 1er, Jupiter assis ; autre, même date, type de la victoire ; autre, même date, une aigle ; autre, même date, Rome tenant le Palladium.

1 *Gordien-d'Afrique*, fils, *revers*, l'an 1er, un aigle. Cette médaille peut paroître douteuse

2 *Balbin*, revers, l'an 1er, type du Nil, autre, même date, Mars de bout.

2 *Pupien*, revers l'an 1er, une aigle, autre même date, la fortune.

17 Gordien

2 *Tranquilline*, revers, l'an 2, tête d'Osiris ; autre, l'an 6, la victoire.

30 Philippe, pere, dont 1 de grand bronze

2 Otacile

4 Philippe, fils, dont 1 de grand bronze.

8 Trajan - Dece

1 *Messius-Decius*, *revers*, l'an 2, l'empereur debout.

1 Hostilien (*douteuse*)

2 Treb. Galle

39 Valerien

3 Salonine

27 Claudius Gothicus

1 *Zenobie* (peu conservée.)

5 Vabalathe dont 1 sans la tête d'Aurelien.

50 Aurelien

6 Severine

5 Tacite

26 Probus

7 Carus

10 Numerien
11 Carin
61 Diocletien
61 Maximien
3 Constance-Chlore
7 Galere Maximien

Plus 12 médailles d'Hadrien avec l'indication des
Nomes où elles ont été frappées.

TOTAL. 935 médailles.

N°. XXVI.

Médailles Modernes.

FRANCE.

188 tiers de sols de la premiere race.

80 monnoies d'or de la troisième race, avec beaucoup de monnoies d'argent, billon et cuivre, qui
seront détaillées lors de la vente.

N° XXVII.

Beaucoup de monnoies de villes, Barons et Prélats
de France, formant une collection des plus complettes, qui sera vendue en un seul article.

N° XXVIII.

Plusieurs lots de monnoies d'Allemagne, Italie, Suede,
Dannemarck, Angleterre, Hollande etc, en argent,
billon et cuivre.

N° XXIX.

Plusieurs lots de médaillons modernes, des Papes
Ducs de Lorraine et autres personnages Illustres

N.° XXX.

Suite complette des médailles de Louis XIV, qui monte à . . . . . pièces; à causes des différences qui se trouvent sur plusieurs.

N.° XXXI·

Idem de Louis XV montant à . . . . . pièces.

N.° XXXII.

Plusieurs beaux médailliers garnis de leurs cartons.

N.° XXXIII.

Au commencement de chaque vacation, on vendra sous ce numéro beaucoup de médailles doubles, fausses etc. cte.

De l'Imprimerie de Pain, passage honoré.